폭력은
싫어! 싫어!

폭력은 싫어! 싫어!

2016년 11월 20일 초판 1쇄 펴냄 • 2022년 4월 1일 초판 3쇄 펴냄
펴낸곳 | 꿈소담이
펴낸이 | 김숙희
글 | 박신식
그림 | 김현영
책임미술 | 박지영

주소 | (우)02880 서울특별시 성북구 성북로5길 12 소담빌딩 302호
전화 | 747-8970
팩스 | 747-3238
등록번호 | 제6-473호(2002. 9. 3)
홈페이지 | www.dreamsodam.co.kr
북 카 페 | cafe.naver.com/sodambooks
전자우편 | isodam@dreamsodam.co.kr

ISBN 978-89-5689-381-5 74810
ISBN 978-89-5689-376-1 74810(세트)

© 박신식, 2016
• 책 가격은 뒤표지에 있습니다.
• 꿈소담이의 좋은 책들은 어린이와 세상을 잇는 든든한 다리입니다.
• 이 책은 한국출판문화산업진흥원 2016년 우수출판콘텐츠 제작 지원 사업 선정작입니다.

* **학부모 모니터** | 유미녀(순천 왕조초등학교 최낙윤 학생 어머니), 김시영(창원 유목초등학교 장수빈 학생 어머니), 박애진(전남 영암초등학교 송승현 학생 어머니), 문경덕(성남 송현초등학교 신이준 학생 어머니), 이수인(수원 선일초등학교 박시훈 학생 어머니)

폭력은 싫어! 싫어!

박신식 글 · 김현영 그림

머리말

폭력 없는 안전한 학교, 안전한 세상!

'학교폭력'이란 '학교 안팎에서 학생을 대상으로 때리거나 상처를 내어 해를 입히는 행위, 훔치거나 빼앗는 행위, 가두거나 욕을 하고 협박하며 강제로 심부름을 시키는 행위, 성폭력, 따돌림, 사이버 따돌림 등 신체적·정신적 또는 재산상의 피해를 주는 행동'을 말해요. 내용도 많고 말도 어렵지요? 간단하게 말하면 '학교폭력'이란 '학생에 대한 신체적·정신적 폭력'을 뜻하지요.

그런데 우리 주위에는 학교폭력을 당하는 어린이들도 있지만 자기도 모르게 학교폭력을 저지르는 어린이들도 있어요. 그래서 학교폭력을 예방하고 대처하기 위해 가장 중요한 것은 어떤 행동들이 학교폭력인지 이해하고 조심하며, 만약 나와 내 친구들의 행동이 학교폭력이라면 그것을 하지 않도록 주의하고 다른 사람들의 도움을 통해 적절한 해결 방안을 찾는 거예요.

『폭력은 싫어! 싫어!』에서는 어린이들이 생활하면서 꼭 알아 두어야 할 금품 갈취, 강요, 집단 따돌림, 신체 폭력, 언어폭력, 사이버 폭력, 학교폭력의 처벌과 해결책 등의 이야기들을 다루었어요. 그리고 각 이야기 뒤에 있는 '안전한 어린이'에서는 이야기에서 미처 다루지 못한, 어린이들이 주의해야 할 내용과 학교폭력을 예방하는 방법 및 학교폭력을 당했을 때 어떻게 대처해야 하는지에 대해 정리했지요.

이러한 다양한 이야기와 '안전한 어린이'를 통해 여러분들이 생활 속에서 겪을 수 있는 다양한 학교폭력의 위험 요소들에 대해 미리 이해하고 조심했으면 하는 바람이에요. 더불어 여러분들이 실제로 위험한 상황에 부딪히게 될 경우에 많은 도움이 되면 좋겠어요.

『폭력은 싫어! 싫어!』를 통해 어린이들이 안전하게 학교에 다니고 그 어린이들이 커서 우리 모두가 안전한 세상이 되었으면 하는 바람입니다.

어린이들이 안전한 세상을 바라며 **박신식**

추천사

폭력 없는 안전한 학교, 우리가 만들 수 있어요!

학교는 많은 어린이들과 선생님이 함께 공부하며 학창 시절의 소중한 추억을 남기는 곳입니다. 그런데 학교폭력으로 인해 소중한 추억을 공유해야 할 또래 친구가 무서워지고 학교 가는 것이 두려워진다면 인생에서의 소중한 시절을 잃게 되는 것입니다. 학교폭력을 당한 피해자가 우울증에 시달리기도 하고, 심할 경우 자살로까지 이어지고 있어 안타까운 마음입니다. 더욱이 학교폭력의 피해자는 가해자에 대한 분노와 적개심을 갖게 되고, 그로 인해 다른 학생에게 폭력을 가하는 가해자로 변할 수도 있기 때문에 더욱 위험하다고 할 수 있습니다.

학교폭력은 크게 언어·심리적 폭력, 신체·물리적 폭력, 따돌림의 세 가지 유형으로 나눌 수 있는데, 쉽게 말해 학교 안팎에서 벌어지는 학생에 대한 신체적·정신적 폭력을 말합니다.

학교폭력을 줄이려는 노력은, 학교 자체에서도 설문 조사나 다양한 캠페인 등을 통해 지속적으로 이루어지고 있으며, 정부에서도 갈수록 심각한 문제가 되고 있는 학교폭력에 대한 전반적인 문제를 해결하기 위해 '학교폭력예방 및 대책에 관한 법률'을 제정해 시행하고 있습니다. 이 법률에서는 학교폭력을 당한 피해 학생 보호, 폭력을 가한 가해 학생 선도 및 교육, 분쟁 조정에 관한 사항을 규정하고 있습니다.

『폭력은 싫어! 싫어!』에서는 어린이들이 학교생활을 하면서 겪을 수 있는 다양한 유형의 학교폭력을 보여 줍니다. 금품 갈취, 강요, 집단 따돌림,

신체 폭력, 언어폭력, 사이버 폭력, 학교폭력의 처벌과 해결책을 중심으로 또래 어린이들을 등장시켜 7편의 동화로 보여 주고 있습니다. 그래서 책을 보는 어린이들도 자연스럽게 가해자의 입장, 피해자의 입장, 목격자의 입장이 되어 보면서 그 위기를 헤쳐 나가는 경험을 하게 될 것입니다.

특히 비슷한 경험과 생각을 가진 어린이들이 일정한 교육을 받은 후 다른 또래들에게 일어난 문제를 해결하는 데 도움을 주는 '또래상담'에 관해서도 다루고 있어 학교폭력에 대한 새롭고 다양한 해결법을 보여 주고 있습니다.

각 동화가 끝난 뒤에는 보다 구체적인 학교폭력 예방법과 안전 수칙들이 그림과 함께 소개되어 있어서 쉽고 재미있게 안전 수칙을 익힐 수 있을 것입니다.

『폭력은 싫어! 싫어!』가 어린이들이 안전하고 평화롭게 학교생활을 할 수 있도록 도와주는 가이드북으로, 어린이들이 밝고 건강하게 자라는 데 초석이 되기를 바랍니다.

어린이안전학교 대표 허억
(가천대학교 국가안전관리전공대학원 주임교수,
가천대학교 안전교육연수원장)

차례

1. **친구의 물건은 소중해!** 15
   금품 갈취

2. **억지로 시키는 게 즐겁냐?** 27
   강요

3. **넌 리더십이 참 좋아!** 39
   집단 따돌림

4. **누굴 위로해 주지?** 55
   신체 폭력

5. 너 입에 뭐 묻었다! 71
언어폭력

6. 보이지 않는다고 막말하면 안 돼! 83
사이버 폭력

7. 또래상담 97
학교폭력의 처벌과 해결책

1. 친구의 물건은 소중해!
금품 갈취

"야, 내 샤프 언제 돌려줄 거야? 벌써 일주일이나 지났잖아. 빨리 돌려줘."

우정이는 일진이에게 얼마 전에 빌려 간 자신의 샤프를 돌려 달라고 했어요. 하지만 일진이는 자기 책상 속과 가방을 건성으로 살펴보았어요.

"어? 없네? 집에다 놓고 온 것 같은데?"

일진이는 고개를 갸웃거리더니 혼자 중얼거리며 말을 이었어요.

"야, 내일 꼭 돌려줄게. 알았지? 그깟 샤프 하나 가지고……."

"그깟 샤프라고?"

우정이는 어이없다는 듯 고개를 저으며 말을 이었지요.

"내일은 꼭 돌려줘. 안 그러면 선생님께 이를 거야."

우정이가 윽박지르듯 말하자 일진이는 알았다는 듯 고개를 끄덕였어요.

쉬는 시간이었어요. 아이들은 저마다 준비해 온 지점토를 꺼냈어요. 지점토로 동물 만들기를 하기로 했거든요.

일진이가 주위를 돌아보더니 앞에 앉은 우정이에게 다가갔어요. 그리고 우정이가 가방 속에서 지점토 두 개를 꺼내자 한 개를 휙 집어 들었지요.

"이 지점토 하나 내가 쓸게. 알았지?"

"안 돼. 나도 오늘 써야 한단 말이야."

"야, 두 개나 되는데 하나만 빌려 쓰자. 다음에 하나 사 주면 되잖아."

"선생님이 오늘 두 개 가져오라고 하셨잖아. 안 돼!"

우정이가 싫다고 말했지만 일진이는 듣는 둥 마는 둥 우정이의 지점토 한 개를 가지고 자기 자리로 가 버렸어요. 그러고는 옆에 앉은 문정이에게 넌지시 말을 걸었어요.

"문정아, 넌 세 개나 가져왔네? 하나만 빌려주라. 응?"

일진이가 말하자 문정이는 부드럽게 웃으며 일진이를 쳐다보았어요.

"일진아, 빌려주고 싶지만 난 오늘 지점토 세 개로 커다란 공룡을 만들 거거든? 그러니까 빌려줄 수 없어. 쏘리!"

문정이는 웃으며 말하면서도 지점토를 빼앗기지 않으려고 얼른 책상 속에 집어넣었어요.

일진이는 자리에서 일어나 이번엔 뒤에 앉은 대수에게로 갔어요. 그리고 아무 말도 없이 대수의 지점토 하나를 빼앗아 들고는 자기 자리로 돌아왔지요. 대수는 일진이에게 뭐라고 말하려 했지만 수업 시작 음악이 울리자 그만두었어요.

수업이 시작되자 문정이가 우정이에게 지점토 하나를 슬쩍 건네주었어요. 우정이가 고맙다는 듯 고개를 끄덕였지요. 문정이도 환하게 웃었어요. 그래서 우정이는 두 개의 지점토로 만들기를 할 수 있었지만 대수는 한 개만 가지고 만들기를 해야 했지요.

쉬는 시간이었어요. 일진이는 새 네임펜을 샀다며 아이들에게 자랑했어요.

"이거 글씨가 엄청 매끄럽게 잘 써진다!"

일진이는 우정이가 화장실에 가는 것을 보고 우정이 자리로 가 앉았어요. 그리고 우정이 책상에 '우정이 천재'라고 썼지요.

"정말 잘 써지지 않냐?"

"그건 그렇지만 우정이가 좋아할까?"

대현이가 물었어요.

"야, 바보도 아니고 천재라고 썼는데 뭐 어때?"

일진이는 아무렇지도 않게 말했지요.

화장실에 다녀온 우정이가 책상 위에 쓰여 있는 글씨를 보았어요.

"뭐야, 누가 그랬어?"

우정이의 말에 아이들의 시선이 일진이에게 쏠렸어요.

"야, 네가 똑똑한 건 사실이잖아."

"그게 내 책상에 낙서하는 거하고 무슨 상관인데?"

"낙서라니. 난 기껏 널 생각해서 써 줬는데……."

일진이의 말에 우정이는 어처구니없다는 듯 헛웃음만 지었어요.

우정이는 손끝으로 문질러 지워 보려고 했지만 지워지지 않았어요. 지우개를 꺼내 문질러도 보았지만 역시 잘 지워지지 않았지요.

"우정아, 그거 엄마들 매니큐어 지우는 걸로 지워야 해."

옆에 앉은 수정이가 말했어요. 우정이는 못마땅한 눈빛으로 일진이를 노려보았지요. 하지만 일진이는 아무렇지도 않다는 듯 대현이와 종알종알 이야기를 나누었어요.

수업이 끝나고 우정이와 문정이가 나란히 집으로 향했어요.

"우정아, 일진이가 샤프 안 돌려준다고 엄마나 아빠한테 말씀드렸어?"

"아니. 괜히 걱정하실까 봐 말씀 안 드렸어."

"그러다가 진짜 안 돌려주면 어쩌려고? 부모님이나 선생님께 말씀드려야 하는 거 아냐?"

"그깟 걸로 일만 더 크게 만드는 것 같기도 하고, 말씀드려도 별로 도움이 안 될 것 같은데?"

우정이는 어른들에게 말하는 게 귀찮은 것 같았어요.

다음 날, 운동장에서 줄넘기를 하는 시간이었어요. 아이들은 교실 밖으로 우르르 빠져나가 자기 신발주머니를 챙겨 복도에서 줄을 섰지요.

"어? 내 운동화가 어디 있지?"

우정이는 신발장에서 신발주머니를 꺼내 들고는 황당한 듯 주위를 살펴보았어요. 신발주머니에 들어 있어야 할 운동화가 없었거든요.

"내가 네 신발 숨겨 놨지롱. 한번 찾아봐!"

등 뒤에서 일진이가 히죽 웃으며 말했어요.

"야, 내 신발을 왜 내가 찾아야 하는데? 빨리 돌려줘!"

우정이가 울상을 지으며 말하자 일진이는 대현이와 서로 얼굴을 마주 보며 더 크게 웃었어요.

결국 우정이가 울음보를 터뜨렸어요. 선생님이 깜짝 놀라며 다가왔지요.

"우정아, 왜 그래?"

"그게요…… 그러니까…….'

우정이는 울먹이며 일진이가 신발을 숨겼다는 이야기를 했어요. 그리고 빌려 간 샤프도 돌려주지 않는다고 말했지요.

선생님이 일진이를 노려보았어요. 그리고 손바닥을 내밀었지요. 어서 신발을 달라는 뜻이었어요.

일진이는 화장실에 가서 신발을 가져왔어요. 세면대에 들어 있었는지 한쪽 신발이 젖어 있었지요. 일진이는 신발을 우정이 앞에 툭 던지듯 내려놓았어요.

"그냥 재미로 한 건데……."

일진이가 중얼거리자 선생님의 얼굴이 붉으락푸르락 변했어요.

"후."

선생님은 벽을 향해 돌아서더니 숨을 깊게 몰아쉬었어요. 그리고 잠시 마음을 진정시키고는 일진이에게 조용히 말했지요.

"일진아, 남의 물건을 숨겨 놓고 찾게 하는 것은 옳지 못한 행동이야. 그리고 친구에게 빌린 물건을 오랫동안 돌려주지 않는 것도 마찬가지지."

"장난인데도요?"

"상대방이 기분 나빠 하면 그건 장난이 아니라 폭력이 되는 거야."

"진짜 장난으로 한 건데……."

일진이는 이해가 안 되는지 고개를 갸웃거렸어요. 선생님은 그런 일진이의 반응에 한숨을 내쉬었지요.

"우선 수업을 해야 하니까……. 일진이 너는 수업 끝나고 남아서 선생님하고 이야기 좀 하고 집에 가렴."

선생님은 우정이와 일진이를 제자리로 가게 했어요. 그리고 아이들을 한 줄로 세워 운동장으로 데리고 나갔지요.

일진이는 나가는 동안 계속 우정이의 뒤통수를 노려보았어요. 가만두지 않겠다는 눈빛이었지요.

안전한 어린이

일진이는 장난이라고 했지만 일진이가 한 행동은 장난이 아니라 학교폭력이에요. 일진이처럼 샤프를 빌려 가서 돌려주지 않거나 지점토를 허락 없이 가져가는 행동을 '금품 갈취'라고 해요. '금품 갈취'란 아무리 적은 돈이나 작은 물건이라도 억지로 빼앗는 것이지요. 그렇다면 '금품 갈취'에는 어떤 것들이 있으며 '금품 갈취'를 예방하기 위해서는 어떻게 해야 하고, 당했을 때는 어떻게 해야 할까요?

◀ 친구의 물건을 가져가 일부러 망가뜨리면 안 돼요.

▶ 돌려줄 생각이 없으면서 친구에게 돈을 달라거나 빌리면 안 돼요. 이때 다른 친구에게 돈을 빌려 오라고 시키는 것도 금품 갈취예요. 그리고 돈을 빌려 간 친구에게 언제든 편안하게 갚으라고 말할 수 있으면 빌려준 것이지만 무서워서 갚으라는 말도 할 수 없으면 빼앗긴 거예요.

◀ 친구가 빌려주지도 않는데 옷이나 문구류 등 친구의 물건을 억지로 빌려 쓰지 마세요. 그리고 빌려 놓고 돌려주지 않는 것은 빼앗는 것이나 마찬가지예요.

▶ 친구의 물건을 숨기고 찾아보라는 행동은 옳지 않아요.

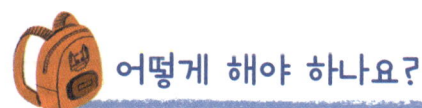

어떻게 해야 하나요?

◀ 자기 물건과 남의 물건을 구분하는 것만 잘해도 금품 갈취를 예방할 수 있어요. 참 쉽지요?

▶ 빌려주고 싶지 않을 때에는 분명하게 빌려줄 수 없다고 말하세요. 싫다는 표현을 정확하게 해야 금품 갈취를 예방할 수 있어요.

◀ 학교에 값비싼 옷, 시계, 전자 기기 등을 가지고 다니지 않는 것도 금품 갈취를 예방하는 방법이지요.

◀ 다른 사람에게 강제적으로 물건을 빼앗겼다면 언제, 어디에서, 무엇을, 어떻게 빼앗겼는지 정확하게 적어 두고 그 사실을 선생님이나 부모님께 알려 도움을 청하세요.

2. 억지로 시키는 게 즐겁냐?
강요

 운동장 수업이 끝난 뒤, 아이들은 선생님을 따라 현관 입구에서 신발을 벗고 실내화로 바꿔 신은 다음 교실로 올라갔어요.
 "대수야, 나 화장실 갔다가 갈게. 내 신발주머니 좀 신발장에 넣어 줄래?"
 일진이가 대수에게 신발주머니를 건넸어요. 대수는 싫은 눈치였지만 말없이 일진이의 신발주머니를 받아 들고 교실로 올라갔지요.
 점심시간이었어요. 아이들은 식판을 들고 저마다 줄을 서서 급식을 받았어요.

"와, 오늘은 내가 제일 좋아하는 키위가 나왔네?"

대현이가 호들갑을 떨었어요. 그런데 대수는 키위를 받지 않았지요. 키위 알레르기가 있기 때문이었어요.

일진이가 대수 옆에서 종알거렸어요.

"야, 너 정말 키위 알레르기 있어? 키위 먹으면 어떻게 되는데? 한번 먹어 보면 안 돼?"

일진이는 숟가락으로 키위를 파내어 대수 식판에 올려놓았어요. 하지만 대수는 먹지 않았지요.

"내가 특별히 주는데도 안 먹어? 한 번만 먹어 보라니까!"

일진이가 협박하듯 말했지만 대수는 고개를 저었어요.

"도일진, 너 그러다가 진짜로 대수가 알레르기 일으키면 어떡하려고 그래? 너 자꾸 그러면 선생님께 이른다."

문정이 말에 일진이는 더 이상 먹으라고 강요하지 않았지요.

급식 시간이 끝나고 청소 당번만 교실에 남았어요. 선생님은 다른 아이들을 교문까지 하교시켜 주기 위해 나갔지요.

일진이가 대걸레 당번이었어요. 일진이는 청소함에 세워져 있던 대걸레를 들고 대수에게 다가갔어요.

"대수야, 이 대걸레 좀 빨아 와!"

"내가?"

빗자루를 들고 있던 대수가 눈을 크게 뜨며 물었어요.

"응. 대걸레가 좀 무겁잖아. 내가 어깨가 좀 아프거든."

일진이가 능청스레 왼손으로 자기 오른쪽 어깨를 주무르며 말했어요. 대수는 어찌할 바를 몰라 머뭇거렸지요.

"야, 그건 네가 해야 되는 거 아냐?"

청소함에서 빗자루를 꺼내던 우정이가 끼어들었어요.

"너는 네 할 일이나 해. 이건 우리 사이의 일이니까."

일진이가 우정이를 째려보며 으름장을 놓았어요.

"야, 그러다가 싸우겠다. 내가 가서 빨아 올게."

대수가 일진이의 대걸레를 받아 들었어요.

"대수야, 물기 쫙 빼야 하는 거 알지?"

일진이의 이죽거리는 말에 대수는 고개를 끄덕였어요.

일진이는 대수가 빨아 온 대걸레로 교실 바닥을 대충 쓱쓱 밀었어요. 그러고는 다시 대수에게 대걸레를 빨아 오게 했지요.

청소가 끝나고 집으로 돌아갈 시간이 되었어요. 아이들은 모두 현관에서 실내화를 벗고 신발로 갈아 신었지요.

"대수야, 내가 어깨가 아파서 그러는데 내 가방도 좀 들어 줘. 응?"

일진이는 대수가 대답하기도 전에 가방을 건넸어요. 대수는 자신의 가방을 먼저 등에 메고 일진이의 가방을 앞에 멨지요.

일진이는 신발주머니만 달랑 들고 팔을 흔들며 대수 뒤를 따라갔어요.

"야, 한 가지만 더. 색종이를 사야 하는데 네가 좀 대신 사다 줄래? 내일 학교 올 때 가지고 와!"

"내가?"

대수가 다시 눈을 동그랗게 뜨며 되물었어요.

"일진아, 친구끼리 너무하는 거 아냐? 그런 건 네가 가서 사야지!"

뒤따라오던 우정이가 끼어들었지요.

"얘는 또 끼어든다. 야, 돈은 줄 거야. 뺏는 것도 아닌데 왜 그래?"

일진이가 대수를 보며 씩 웃었어요. 대수는 또 그 심부름을 하겠다고 했지요.

"그리고 내일 과일 사진 준비하는 거, 내 것까지 해 올 수 있지? 너만 믿는다. 알았지?"

일진이는 사진 준비물까지 대수에게 시켰어요. 그러고는 대수가 무슨 말을 하려는 순간 가방을 휙 빼앗아 들고 웃으며 집으로 갔지요. 대수는 일진이의 뒷모습을 보며 한숨을 내쉬었어요.

"대수야, 넌 쟤 대신 심부름하는 게 좋니?"

우정이가 묻자 대수가 고개를 저었어요.

"그러면 왜 싫다고 말 안 했어?"

우정이의 말에 대수는 아무 대꾸도 하지 않았어요. 우정이는 힘없이 걸어가는 대수의 뒷모습을 바라보았지요.

"우정아, 왜 여기서 가만히 서 있어?"

경한이 형이었어요. 우정이의 사촌 형이지요. 경한이 형은 전교 어린이 회장을 맡고 있어요. 우정이는 경한이 형에게 오늘 학교에서 있었던 일을 말했지요.

"형, 우리 반에 말도 없고 조용한 친구가 있는데 일진이라는 애가 그 친구를 함부로 대해. 하기 싫은 것도 억지로 시키고 말이야. 근데 그 친구는 화가 많이 날 텐데도 그냥 참는 거 보면 참 이상해."

"그렇게 친구끼리 억지로 시키며 강요하는 건 나쁜 일인데……."

"그래도 내 일이 아니니까 뭐라고 할 수도 없는 거잖아?"

우정이의 말에 경한이가 고개를 저었어요.

"우정아, 내 일이 아니더라도 친구가 좋지 않은 일을 당하는 것을 봤다면 선생님이나 부모님께 알려야 해. 그게 친구 아닐까?"

경한이 형이 잘해 보라는 듯 우정이의 어깨를 두드려 주며 말했어요.

다음 날, 일진이는 쉬는 시간에 고개를 돌려 대수 얼굴을 쳐다봤어요.

"대수야, 꿀꿀 한번 해 봐. 네가 하면 정말 실감 날 것 같거든. 꿀꿀!"

일진이는 자꾸 대수에게 '꿀꿀' 소리를 내 보라고 강요했어요. 대수는 못 들은 척 아무 대꾸도 하지 않았지요. 하지만 일진이는 그 앞에서 자꾸만 키득키득 웃었어요.

우정이는 경한이 형이 했던 말이 떠올랐어요.

"야, 넌 그렇게 억지로 시키는 게 즐겁냐?"

우정이의 말에 일진이는 대꾸하는 대신 비웃듯 입을 일그러뜨렸어요.

청소 시간이었어요. 우정이는 일진이가 화장실에 간 사이에 선생님 앞으로 갔지요. 그리고 주위를 살펴봤어요. 복도에서 대수와 대현이가 청소를 하고 있었지요.

우정이는 선생님께 일진이와 대수 사이에 있었던 일을 이야기했어요. 그러자 선생님은 메모를 하면서 우정이의 이야기를 들어 주었지요.

선생님은 청소가 다 끝난 뒤 일진이만 교실에 남게 했어요.

"일진아, 너 대수에게 가방도 들어 달라고 하고 물건도 사 오게 하고 네 준비물까지 가져오라고 했다면서?"

선생님의 말에 일진이는 깜짝 놀란 듯 눈이 휘둥그레졌어요.

"왜 그랬니?"

선생님이 묻자 당황한 일진이는 잠시 아무 말도 못 하다가 천천히 입을 떼었어요.

"그냥 하기 싫어서……."

"자기가 하기 싫다고 다른 사람에게 시키는 게 옳은 행동일까?"

선생님의 말에 일진이는 고개를 푹 숙였어요. 선생님은 한참 동안 일진이에게 이야기했지요.

다음 날, 우정이가 교실에 들어가자 일진이가 기다렸다는 듯 우정이를 째려보았어요. 일진이 옆에는 대현이가 씩 웃고 있었지요.

안전한 어린이

일진이의 행동에 대해 어떻게 생각하나요? 이렇게 친구에게 겁을 줘서 친구가 하기 싫어하는 행동이나 심부름을 시키는 것을 '강요'라고 해요. 이러한 행동도 학교폭력이지요. 그렇다면 '강요'에는 어떤 것들이 있을까요? 그리고 '강요'를 당했을 때에는 어떻게 해야 할까요?

◀ 때리려고 하거나 욕을 하면서 강제로 심부름을 시키는 것은 나쁜 행동이에요.

▶ 힘이 아무리 세더라도, 아무리 부자라도, 아무리 똑똑하고 잘났어도 다른 사람이 하지 않아도 되는 일을 억지로 시킬 수는 없어요.

◀ 친구에게 굴욕감을 줄 권한은 아무에게도 없어요. 모두가 평등하니까요.

▶ 숙제를 대신 해 달라고 하거나 게임을 대신 해 달라고 하는 것도 '강요'예요.

어떻게 해야 하나요?

◀ 친구가 나에게 무엇인가를 시켰는데 그 일이 하기 싫다면 하기 싫다고 확실하게 말하세요.

▶ 친구가 괴롭힘을 당하는 것을 봤다면 꼭 선생님이나 부모님께 알리세요. 이것은 안 해도 되는 것이 아니라 반드시 해야 한다고 법으로 정해져 있어요. 괴롭힘을 당한 친구를 도와주기 위해서는 꼭 필요하기 때문이에요.

◀ 또 괴롭힘을 당할까 봐 알리기 두렵다고요? 걱정하지 마세요. 선생님과 부모님은 아무에게도 이야기하지 않을 테니까요. 만약 괴롭힘을 당해서 신고했는데 또 괴롭힘을 당했다면 다시 이야기하세요. 선생님, 부모님 모두는 여러분을 끝까지 보호하고 도와줄 테니까요.

3. 넌 리더십이 참 좋아!
집단 따돌림

우정이가 화장실에서 나가려고 했어요. 그때 갑자기 일진이가 뛰어들어 왔지요. 우정이와 일진이는 그만 탁 하고 부딪혔어요. 우정이가 뒤로 넘어지며 엉덩방아를 찧었지요.

"야! 그렇게 갑자기 뛰어들어 오면 어떡해?"

우정이가 바닥에서 일어나 엉덩이를 어루만지며 이맛살을 찌푸렸어요.

"그러는 너는? 앞을 똑바로 보고 다녀야지!"

일진이도 지지 않겠다는 듯 목소리를 높였어요.

"뭐라고? 방귀 뀐 놈이 성낸다더니……."

"뭐? 방귀? 내가 언제 방귀를 뀌었냐?"

일진이의 말에 우정이가 피식 웃음을 터뜨렸어요. 그리고 더 이상 대화가 안 통하겠다는 듯 고개를 저으며 화장실을 나왔지요.

잠시 후, 교실에 들어온 일진이가 대현이 자리로 갔어요.

"대현아, 우정이 쟤는 자기가 잘못해 놓고 사과도 안 한다? 그리고 난 방귀도 안 뀌었는데 방귀를 뀌었다고 억지를 부려."

"그래? 잘못했으면 사과해야 하는 거 아냐?"

일진이와 대현이는 다른 아이들이나 우정이가 들으라는 듯 일부러 큰 소리로 말했어요.

그러자 우정이가 뒤를 휙 돌아봤지요.

"사돈 남 말하고 있네."

우정이가 중얼거렸어요.

"뭐라고? 사돈…… 뭐? 그게 무슨 뜻인데?"

"그것도 모르냐? 그건 내가 해야 할 말을 네가 하고 있다는 거야. 그리고 방귀 뀐 놈이 성낸다는 건 자기가 잘못하고서 오히려 다른 사람에게 화를 낸다는 뜻이야. 무식하기는……."

우정이의 말에 일진이의 얼굴이 붉으락푸르락 변했어요.

"너 지금 잘난 체하는 거야?"

일진이가 물었지만 우정이는 더 이상 대꾸하지 않았어요.

수학 시간이었어요.

"오늘은 덧셈과 곱셈을 함께 사용하여 계산하는 방법을 공부할 거예요. 그런데 혹시 1부터 100까지 모두 더하면 얼마가 되는지 알아요?"

선생님의 질문에 아이들이 고개를 갸웃거렸어요. 선생님이 아이들을 휘둘러보며 빙그레 웃었지요. 그때 우정이가 손을 번쩍 들었어요.

"5,050이에요. 가우스라는 수학자가 어렸을 때 그 문제를 쉽게 해결했어요."

우정이의 말에 선생님이 흐뭇한 표정으로 고개를 끄덕였어요. 하지만 일진이는 맘에 들지 않는다는 표정으로 우정이를 노려봤지요.

쉬는 시간이 되자 일진이가 아이들을 불러 모았어요.

"우정이 쟤, 너무 잘난 체하지 않니?"

"맞아!"

대현이가 맞장구쳤어요.

"저렇게 잘난 체하는 애들은 혼자 놀게 해야 해."

"맞아. 쟤랑 놀면 똑같이 잘난 척하는 애가 되는 거야."

일진이의 말에 대현이가 또다시 맞장구를 쳤어요. 일진이 주위에 있던 아이들도 마지못해 고개를 끄덕였지요.

점심시간이었어요. 아이들은 급식을 먹고 운동장으로 우르르 나갔어요. 남자아이들은 술래잡기 놀이를 하기로 했지요.

"나도 같이 하자."

우정이가 술래를 정하려는 아이들 사이에 끼었어요. 그러자 일진이가 우정이 앞을 가로막았지요.

"안 돼. 우린 다 정해졌거든? 너까지 하면 헷갈리니까 안 돼."

"한 사람 더 한다고 크게 달라지는 것도 아닌데……."

일진이는 서운해하는 우정이를 밀어내고 다른 아이들과 함께 술래잡기 놀이를 했어요. 결국 우정이는 끼어 놀지 못했지요.

5교시, 아이들은 운동장에서 수업을 했어요.

"자, 짝 체조를 할 테니 둘씩 짝을 만들어 보세요."

선생님의 말에 아이들은 저마다 짝을 만들어 섰어요. 그런데 우정이만 혼자 남았지요.

"우정이는 선생님하고 하면 되겠다."

선생님이 우정이의 짝이 되었어요. 그 모습을 보던 일진이가 입을 비쭉 내밀었지요.

"저것 봐. 선생님에게 잘 보이려고 하는 거 봤지?"

일진이가 우정이 뒤에서 다른 아이들과 귓속말로 수군거렸어요.

"대현아, 너 앞으로 쟤랑 이야기하면 난 너랑 절교할 거야."

일진이의 말에 대현이는 고개를 끄덕였어요.

다음 날부터 남자아이들은 우정이에게 말도 걸지 않았어요.

"대현아, 네가 우유 당번이지? 이따가 우유 가져다 놓을 때 같이 가 줄까?"

우정이가 대현이에게 물었지만 대현이는 아무 대꾸도 하지 않았어요. 못 들은 게 아니라 못 들은 척하는 게 확실했지요.

남자아이들이 말을 하지 않자 우정이는 속상했어요.

우정이는 책상을 정리하다 그만 필통을 떨어뜨렸어요. 필통 속에 들어 있던 것들이 사방으로 흩어졌지요. 남자아이들은 그 모습을 보고 깔깔깔 웃었어요.

그런데 문정이와 대수가 우정이에게로 다가와 떨어진 것들을 함께 주워 주었어요.

"고마워."

"고맙기는!"

문정이는 웃으며 말했고 대수도 말없이 도와주었지요.

"야, 대수도 우정이랑 같으니까 대수하고도 놀지 마. 쟤하고 놀면 난 절교할 거야!"

일진이가 남자아이들에게 말했지만 대수는 신경도 쓰지 않았

어요.

그런데 우정이는 무척 화가 치밀어 올랐어요. 하지만 말을 해 봐야 소용이 없다는 것을 알고 있었지요.

집에 가는 길에 우정이는 경한이 형을 만났어요.

"우정아, 너 얼굴이 왜 그래? 누구랑 싸웠어?"

경한이 형이 우정이 표정을 보고 물었어요.

"애들이 내가 잘난 척한다고 따돌리는 것 같아서……."

우정이는 학교에서 있었던 일을 힘없는 목소리로 이야기하며 말을 이었어요.

"우리 반 아이들 모두에게 햄버거라도 돌려야 하는 건가?"

우정이의 말에 경한이 형이 씩 웃었어요.

"뭐? 그건 좋은 방법이 아니야. 그리고 그렇게 따돌림을 당할 때 가만히 있는 건 더 바보 같은 짓이지. 이왕 이렇게 된 거 햄버거는 나한테나 사 주고 계속 잘난 척해 버려!"

"엥? 그러다가 더 따돌림을 당하라고?"

우정이가 이맛살을 찌푸리자 경한이 형이 깔깔깔 웃었어요.

"뭐야? 난 힘들어 죽겠는데 웃음이 나와?"

"그게 아니라……."

경한이 형은 웃음을 멈추고 말을 이었지요.

"얘기 들어 보니까 그 일진이라는 아이 말이야, 어쩌면 겉으로는 강한 것 같지만 속으로는 무척 약할지도 몰라. 친구를 따돌리는 아이들 중엔 자신감이 부족해서 혼자서는 아무것도 하지 못하는 아이들이나 상처가 많아서 열등감이 있는 아이들이 많다고 했거든."

"그래? 그럼 어떻게 하면 되는데?"

"내가 방법 하나 알려 줄게. 해 볼래?"

경한이 형은 우정이에게 좋은 방법을 하나 말해 주었어요.

"정말 그렇게 하면 될까?"

우정이가 고개를 갸웃거렸지만 경한이 형은 걱정 말라는 듯 씩 웃으며 고개를 끄덕였지요.

다음 날, 우정이는 전보다 밝은 모습으로 교실에 들어섰어요. 대현이가 종이접기를 하고 있었어요.

"대현아, 너는 종이접기를 참 잘하는 것 같아. 될성부른 나무는 떡잎부터 알아본다는 말이 있는데 널 두고 하는 말인 것 같아."

우정이가 대현이를 칭찬했어요. 대현이는 못 들은 척했지만 우정이가 한 말이 무슨 뜻인지 궁금하다는 표정이었지요.

"그게 무슨 뜻이야?"

결국 대현이가 참지 못하고 우정이에게 물었어요. 우정이가 씩 웃으며 말했지요.

"응. 떡잎부터 알아본다는 말은 어려서부터 잘한다는 뜻이야. 그러니까 너는 지금도 손재주가 좋으니까 나중에는 더 잘될 거라는 말이지."

우정이의 말에 대현이의 얼굴이 환하게 밝아졌어요.

대현이가 우정이와 이야기하는 것을 본 일진이가 인상을 쓰며 대현이에게 다가왔어요.

"아, 저기, 그게 아니라……."

대현이는 변명을 하려는 것 같았어요. 우정이가 말했지요.

"난 그냥 대현이가 나처럼 재주가 좋다는 얘기를 했을 뿐이야."

"네가 재주가 좋다고? 너 아직도 왕자병 못 고쳤구나?"

우정이의 말에 일진이가 비웃듯 대꾸했어요.

"왕자병? 내가? 와, 나를 왕자로 만들어 줘서 고마워. 그러는 너는 왕처럼 리더십이 좋잖아?"

우정이의 말에 일진이가 고개를 갸웃거렸어요.

"리더십? 그게 뭔데?"

"응. 리더십이란 건, 다른 사람들을 잘 이끌어 나가는 능력이야. 사실 우리 반 남자아이들이 네 말을 잘 듣고 따르잖아. 그러니까 네가 리더십이 좋은 거지."

우정이의 말에 일진이는 싫지 않은 표정을 지었어요.

"하긴 내가 그런 면이 있긴 하지."

일진이의 말에 주위에 있던 아이들이 까르르 웃었지요.

운동장 수업 시간이었어요. 지난 시간에 이어 짝 체조를 해야 했지요. 한 아이가 오지 않았어요. 다들 재빨리 짝을 만들어서 일진이와 우정이만 달랑 남았지요.

"리더십 좋은 네가 나랑 짝해야겠는데?"

우정이가 손을 내밀자 일진이는 하는 수 없이 우정이의 손을 잡고 짝 체조를 했어요.

안전한 어린이

우정이처럼 집단 따돌림을 당해 본 적이 있나요? 우리가 흔히 '왕따'라고 하는 '집단 따돌림'이란, 2명 이상이 한 아이를 집단 속에서 따돌리며 무시하거나 언어적·신체적·심리적으로 위협하는 문제 행동들을 말해요. 학교에서 벌어지는 다양한 모습들 중에 어떤 행동들이 집단 따돌림일까요? 그리고 집단 따돌림을 당하면 어떻게 해야 할까요?

◀ 함께 노는 무리에 끼워 주지 않는 행동도 집단 따돌림이에요.

▶ 다른 친구 뒤에서 귓속말로 수군거리지 마세요. 반대로 내가 그런 일을 당한다면 속상하겠지요?

◀ 친구가 부르는데 모른 척하거나 물어보는데 못 들은 척하지 마세요. 친구의 마음이 무척 아플 거예요.

▶ 신체적인 특징으로 놀리지 마세요. 친구 마음에 큰 상처를 주는 것이니까요.

◀ 집단 따돌림을 당하는 친구를 모른 체하는 것도 따돌리는 거나 마찬가지예요. 친구를 따돌리는 아이들은, 방관하며 모른 체하는 아이들도 자기와 같은 마음이라고 생각하거든요.

▶ SNS를 사용하면서 단체 채팅방에 가입하지 못하게 하는 것도 집단 따돌림이에요. 혹시 가입하더라도 없는 듯 무시하거나 욕하는 것도 집단 따돌림이에요.

SNS(소셜 네트워크 서비스, Social Network Service)
인터넷을 통해 서로의 생각이나 정보를 주고받을 수 있게 해 주거나 특정한 관심이나 활동을 공유하는 사람들 사이의 관계망을 만들어 주는 온라인 서비스.

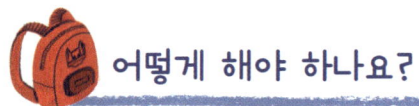 어떻게 해야 하나요?

◀ 집단 따돌림을 당한다면
혼자 고민하지 말고 선생님과 부모님께
도움을 요청하세요.

▶ 배울 점이 있거나 잘하는 것을 찾아
친구들의 장점을 칭찬해 주세요.
누구든 자기를 칭찬해 주는 친구를 좋아하지요.

◀ 놀리는 친구, 무시하는 친구,
작은 일에도 화를 내는 친구에게
그러지 말라고 부탁해 보세요.

▶ 친구를 놀린 일, 괴롭힌 일,
친구에게 화냈던 일에 대해
진심으로 사과하고 용서를 구하세요.

◀ 따돌림을 당한다면 더 당당해져야 해요.
목소리에 힘을 주고 상대방의 눈을 똑바로 쳐다보며
"하지 마."라고 분명하게 말하세요.

▶ 친구와의 약속을 잘 지키세요.
그리고 거짓말도 하지 마세요.
약속을 안 지키고 거짓말을 하는 친구는
누구든 좋아하지 않으니까요.

◀ 친해지고 싶은 친구가 있다면
먼저 다가가세요. 그리고 어려운 처지에
있는 친구를 도와주세요. 친구의 생일을
기억하고 축하해 주는 것도 좋아요.

4. 누굴 위로해 주지?
신체 폭력

 쉬는 시간, 우정이가 사물함에서 책을 꺼내어 자리로 돌아가려고 했어요. 책상 사이를 걸어가고 있는데 일진이가 갑자기 발을 걸었지요. 우정이는 일진이의 발에 걸려 휘청거리더니 꽈당 고꾸라졌어요.

"아얏!"

 우정이가 우스꽝스럽게 넘어지자 일진이는 입가에 쓱 미소를 지었어요.

"괜찮니?"

 옆에 서 있던 문정이가 우정이를 일으켜 부축해 주었어요.

"너 일부러 그런 거지? 그렇지?"

문정이가 일진이에게 다그치듯 물었어요.

"내가? 아냐!"

일진이는 손사래를 치며 자리에서 벌떡 일어서더니 말을 이었어요.

"근데 우정이도 가만히 있는데 왜 네가 나서냐?"

일진이는 문정이의 얼굴을 똑바로 쳐다보았어요. 둘은 금방이라도 싸울 것처럼 눈에서 불꽃이 튀었지요.

"문정아, 나 괜찮아. 그만해."

우정이가 문정이의 등을 떠밀듯 자리에 앉혔어요. 그제야 일진이도 자리에 앉았지요.

운동장 수업 시간이었어요. 아이들이 모둠별로 줄을 섰지요.

"오늘은 이어달리기 시합을 할 거예요."

선생님의 말에 아이들이 좋아하며 소리를 질렀어요. 하지만 일진이의 표정은 일그러졌지요.

"에이, 보나 마나 우리 모둠이 꼴찌네, 뭐."

일진이는 대수를 쳐다보며 구시렁거렸어요.

뚱뚱한 대수는 시합이 시작되기도 전부터 고개를 푹 숙이고 있었지요.

이어달리기가 시작되었어요.

일진이가 먼저 달렸지요. 그리고 가장 먼저 대수에게 바통을 넘겼어요.

대수는 있는 힘을 다해 달리기 시작했어요. 하지만 금세 다른 모둠의 아이들에게 뒤처졌어요. 대수 뒤의 아이들도 열심히 달렸지만 결국 꼴찌가 되었지요.

"이게 다 너 때문이야!"

일진이가 씩씩거렸어요.

"미안……."

일진이는 대수의 말이 끝나기도 전에 주먹으로 대수의 머리를 세게 쥐어박았어요. 가벼운 꿀밤이 아니었지요.

대수는 엄청 아팠을 텐데도 쥐어박힌 머리를 비비기만 할 뿐 꾹 참고 아무 말도 하지 않았어요.

"야, 그렇다고 때리면 어떡해! 그리고 대수 너는 왜 가만히 맞고만 있어? 내가 선생님께 일러 줄까?"

문정이가 일진이와 대수의 얼굴을 번갈아 보며 물었어요.

"괜찮아!"

대수가 씩 웃으며 말하자 일진이는 문정이를 향해 입을 비쭉 내밀었어요.

쉬는 시간이었어요.

대수가 속이 좋지 않은지 한 손으로 배를 쓰다듬으며 급하게 교실을 나갔어요. 대수가 화장실에 가는 걸 본 일진이와 대현이가 화장실 안으로 따라 들어갔지요.

"어디서 구린 냄새 안 나냐?"

화장실로 들어서자마자 일진이가 대현이에게 물었어요.

"히힛! 대수가 무지 급한 것 같더니……."

대현이가 피식 웃으며 한쪽 문을 턱짓으로 가리켰어요. 그러자 일진이도 키득거리며 대수가 들어가 있는 칸으로 가 문 앞에 섰지요.

"냄새가 향기로운 똥은 없을까?"

"그런 꽃 같은 똥이 있으면 정말 좋겠다. 그렇지?"

일진이와 대현이가 그 앞에서 떠나지 않고 재잘거렸어요. 안에서 볼일을 보던 대수는 자꾸 신경이 쓰였지요.

대수가 일을 다 보고 나서 물을 내리고 밖으로 나오려고 문을 잡아당겼어요. 하지만 문이 열리지 않았지요. 밖에서 일진이와 대현이가 문을 붙잡고 있었기 때문이었어요.

"야, 문 열어. 빨리 열라고!"

대수는 문을 쾅쾅 두드렸어요. 하지만 일진이와 대현이는 그럴

수록 문을 더 꼭 붙잡았지요. 대수는 온 힘을 다해 문을 잡아당겼어요. 하지만 둘의 힘을 이길 수는 없었지요.

"야, 너희들 장난이 너무 심하지 않냐?"

화장실에 들어왔다가 그 모습을 본 우정이가 일진이와 대현이에게 충고하듯 말했어요.

"왜? 네가 대신 들어가 있으려고?"

일진이의 말에 우정이는 고개를 절레절레 저으며 화장실을 나갔지요.

"야 너희들, 나가면 가만 안 놔둘 거야."

대수가 문을 쾅쾅 두드리며 평소와 달리 으름장을 놓았어요. 하지만 일진이와 대현이는 웃기만 할 뿐 문을 놓아 주지 않았지요.

잠시 후, 수업 시작을 알리는 음악이 울렸어요. 일진이와 대현이는 후다닥 화장실을 나갔지요. 그제야 대수도 문을 열고 나왔어요. 대수의 얼굴은 온통 붉게 달아올라 있었지요.

대수는 뒤늦게 씩씩거리며 교실에 들어왔어요. 그 모습을 본 선생님이 무슨 일이냐는 듯한 눈빛으로 물었지요.

"선생님, 일진이랑 대현이가 화장실에서 대수가 못 나오게 문을 막았대요."

문정이가 말했어요.

"야, 네가 그걸 어떻게 아냐? 네가 남자 화장실에 들어와서 봤어?"

일진이의 말에 반 아이들이 모두 까르르 웃었어요. 순간, 문정이는 우정이를 쳐다보았지요. 그제야 일진이도 우정이를 째려보았어요.

선생님이 일진이와 대현이, 대수를 앞으로 불러냈어요.

"그게 사실이니?"

선생님이 묻자 일진이는 아무 말도 하지 못했어요.

"너희들, 정말 실망스럽구나. 도대체 왜 그런 거니? 사과로 끝날 일은 아니지만 먼저 대수에게 사과부터 하렴."

선생님의 얼굴은 무척 차가웠어요.

"미안해!"

일진이는 금방 자신의 잘못을 인정하며 한 번 봐 달라는 듯 웃으며 대수에게 손을 내밀었어요.

"아니야, 괜찮아."

대현이도 대수에게 손을 쓱 내밀었어요. 대수는 여전히 씩씩거리면서도 그냥 아이들의 손을 잡아 주었지요.

그런데 다음 쉬는 시간에 일진이가 대수에게 다가갔어요.

"야, 이따 수업 끝나고 햇살 놀이터로 와. 알았지?"

일진이가 다른 아이들의 눈치를 보며 속삭이듯 으름장을 놓았어요. 하지만 우정이의 귀에는 전부 다 들렸지요.

일진이가 교실을 나가자 우정이가 대수에게로 갔어요.

"대수야, 이따가 가지 마. 알았지?"

우정이가 걱정스러운 듯 말했지만 대수는 괜찮다는 듯 씩 웃었어요. 우정이는 무슨 일이 일어날 것만 같아 불안했지요. 그때 경한이 형의 말이 떠올랐어요.

"그래, 맞고 있는 친구를 보고도 못 본 척하는 것도 부끄러운 행동이야."

하지만 우정이는 덜컥 겁이 났어요. 그래서 수업이 끝나자마자 경한이 형을 찾아갔지요. 둘은 서둘러 햇살 놀이터로 갔어요.

놀이터에서는 대수와 일진이가 서로 마주 보고 있었어요.

"대수야, 괜찮아?"

우정이가 다가가 물었어요. 대수가 고개를 끄덕였어요.

그런데 일진이의 모습이 엉망이었어요. 머리는 헝클어져 있고 코피가 나고 눈물까지 흘리고 있었지요. 대현이는 그 옆에서 어쩔 줄 몰라 했어요.

"어? 너?"

경한이 형이 대수를 보고 먼저 아는 척을 했어요. 대수는 경한이 형에게 고개를 숙여 인사했지요. 그리고 아무 말 없이 먼저 가방을 메고 놀이터를 빠져나갔어요.

"형이 대수를 어떻게 알아?"

"내가 다니는 유도장 사범님 아들이잖아!"

"정말?"

"그럼! 게다가 초등 저학년부에서 유도 실력이 최곤데?"

경한이 형의 말에 우정이의 눈이 휘둥그레졌어요. 일진이와 대현이도 그 이야기에 놀란 듯 서로 얼굴을 마주 보았지요.

일진이는 아무 말도 하지 않고 옷을 털더니 대현이와 함께 놀이터를 빠져나갔어요.

"누구를 위로해 주고 감싸 줘야 하는 거지?"

우정이가 혼잣말로 중얼거렸어요. 그러자 경한이 형도 씩 웃으며 우정이를 쳐다봤지요.

안전한 어린이

맞아서 안 아픈 사람이 있을까요? 없겠지요? 일진이는 몸이 아팠겠지만 대수는 마음이 아팠을 거예요. 이렇게 '신체 폭력'이란 친구들을 때리거나 친구에게 겁을 주는 행동을 말해요. 특히, 나는 장난이라고 하더라도 상대방이 폭력으로 느낀다면 신체 폭력이 되는 것이기 때문에 주의해야 하지요. 그렇다면 신체 폭력에는 어떤 것들이 있고, 신체 폭력을 당했을 때에는 어떻게 해야 할까요?

◀ 친구를 화장실이나 교실, 창고 등 일정한 장소에 가두어 놓고 나오지 못하도록 하는 것은 나빠요.

▶ 친구의 몸을 주먹으로 치거나 발로 차는 등 친구에게 아픔을 주는 행동은 정말 나빠요. 그리고 친구의 머리에 꿀밤을 때리거나 손가락으로 툭 건드리는 것, 손톱으로 친구의 몸을 할퀴는 것도 폭력이지요.

◀ 장난이라며 귀를 잡아당기거나, 걸어가는 친구의 발을 걸거나, 꼬집거나, 힘껏 밀치는 행동, 레슬링을 하면서 친구를 넘어뜨리는 행동, 친구 목을 조르는 행동, 친구 귀에 대고 크게 소리를 지르는 행동, 머리카락을 잡아당기는 행동 등 상대방이 폭력으로 느낀다면 학교폭력이 되지요.

▶ 폭행이나 협박을 하여
강제로 놀이터나 화장실 등 일정한 장소로
데리고 가는 것도 폭력이에요.

◀ 상대방을 속이거나 유혹해서 특정한 장소로
데리고 가는 행동도 폭력이에요.

▶ 운동장에서 막대기를 주워 장난치듯
친구를 때리는 척하거나, 물건을 던져서
친구를 맞히는 것도 폭력이에요.

◀ 친구에게 침을 뱉는 것도 폭력이에요.

▶ 화가 난다고 때리거나 욕하거나
물건을 부수는 것도 폭력이에요.

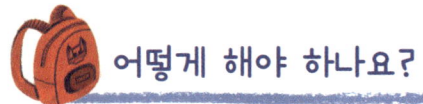 어떻게 해야 하나요?

◀ 폭력의 위험에 처해 있다면
혼자 고민하지 마세요. 선생님과 부모님께
알려서 도움을 받아야 하지요.

▶ 폭력의 위험이 있다면
혼자 등·하교하지 마세요.
친구들과 함께 다니는 것이 좋아요.

◀ 폭력의 위험에 처해 있다면
섣불리 맞서 싸우지 마세요.
우선 그 자리를 빠져나와 큰 가게 등
안전한 곳으로 피하고 부모님께 연락해야 하지요.
위험한 상황을 피하는 것은 절대 비겁하거나
자존심 상하는 일이 아니랍니다.

▶ 혹시, 자신이 화가 났을 때에는 무엇 때문에 화가 났는지 잠시 생각해 보세요. 그리고 친구에게 내가 화난 이유에 대해 차분히 설명하고 그러지 말도록 부탁해요.

◀ 맞고 있는 친구를 보고도 못 본 척하는 것은 부끄러운 행동이에요. 간접적인 폭력이 되는 것이지요. 그러므로 친구가 맞고 있는 것을 보면 꼭 선생님이나 부모님께 알려야 해요.

▶ 축구공을 차려다가 실수로 친구를 발로 찬 것은 신체 폭력이 아니에요. 하지만 미안하다고 꼭 사과해야 하지요.

5. 너 입에 뭐 묻었다!
언어폭력

아이들은 색종이를 오려, 꾸며 붙이기를 시작했어요. 가위가 없는 일진이는 이리저리 고개를 돌리더니 앞에 앉은 우정이의 짝 수정이의 어깨를 두드렸어요.

"수점아, 가위 좀 빌려주라."

일진이의 말에 수정이가 얼굴을 찌푸렸어요.

"뭐라고? 수점이?"

"맞잖아. 넌 얼굴에 점이 있으니까 수정이가 아니라 수점이. 크크."

일진이는 재미있다는 듯 혼자 키득거렸어요. 수정이는 뜨거운

물벼락을 맞은 것처럼 얼굴이 화끈 달아올랐지요. 발끈한 수정이가 일진이를 노려보자 그제야 일진이는 머쓱한 표정으로 고개를 돌려 뒤에 앉은 대수의 짝 성은이를 쳐다봤어요.

"성은아, 나 가위 좀 빌려줘."

성은이는 일진이에게 가위를 빌려주었어요.

"성은이 망극하옵니다, 성은마마!"

일진이가 고개를 조아리며 말했어요.

"야! 너……."

성은이는 일진이에게 뭐라고 말하려다가 말았어요. 말하기도 귀찮다는 표정이었지요.

옆에서 그 모습을 보고 있던 대수가 피식 웃었어요. 일진이는 대수와 눈이 마주치자 달갑지 않은 듯 눈살을 찌푸리며 고개를 돌렸어요.

"대수가 아니라 재수야. 재수 없어."

일진이가 입을 삐죽거리며 들릴 듯 말 듯 작은 목소리로 중얼거렸어요. 그러자 대수가 고개를 갸웃거리며 일진이를 쳐다보았지요. 일진이는 아무 말도 하지 않았다는 듯 시치미를 떼며 색종이를 오렸어요.

"대수야, 방금 일진이가 뭐라고 중얼거렸는지 알아? 글쎄 너보고 재수래. 재수 없다면서."

갑자기 일진이 앞에 있던 수정이가 대수에게 고자질을 했어요. 수정이의 말에 대수가 일진이를 쏘아보았지요.

"아냐."

일진이가 손을 휘 내저었어요.

"수정아, 내가 언제 그런 말을 했다고 그래? 난 그냥 가위를 잃어버려서 오늘 재수가 없다고 말한 거라고."

일진이는 대충 얼버무려 넘어가려고 변명을 했어요. 대수는 더 이상 말하기 싫다는 듯 일진이를 쳐다보지 않았지요. 그제야 일진이는 마음을 놓는 듯했어요. 그러더니 수정이에게 말했지요.

"야, 넌 그런 거짓말을 하면 어떡하냐? 엄마한테 거짓말하면 안 된다는 것도 안 배웠니?"

순간 수정이의 얼굴이 아까보다 더 붉게 달아올랐어요. 수정이네 엄마는 수정이가 어렸을 때 돌아가셨거든요. 일진이는 그 사실을 알면서도 일부러 그렇게 말을 내뱉은 것이었어요. 수정이의 눈에 금세 눈물이 고였지요.

"왜? 정말 안 배웠나 보네?"

수정이는 그만 책상에 엎드려 얼굴을 파묻고 소리 내어 울었어요. 모든 아이들의 눈길이 수정이와 일진이에게 쏠렸지요.

결국 일진이는 선생님께 야단을 맞았어요. 하지만 일진이가 친구를 놀리는 일은 계속되었지요.

일진이는 대현이와 함께 자꾸 대수 옆에서 왔다 갔다 했어요.

"정말 쟤 보고 있으면 답답하고 짜증 나지 않니? 어쩔 때는 바보가 아닐까 하는 생각도 들어."

일진이는 대수가 들으라는 듯 일부러 더 크게 말했어요. 그러자 대수가 쳐다봤지요.

"왜? 옆 반에 있는 정훈이 이야기 하는 건데. 그렇지, 대현아?"

일진이는 다른 아이 이름을 대며 대수에게 씩 웃어 보였어요. 대수는 자기의 성질을 건드리려고 하는 말인 줄 알면서도 꾹 참았지요.

"대현아, 너 뚱뚱한 아이들은 병에 걸리기 쉽다는 거 아냐?"

일진이가 대현이에게 물었어요. 반 아이들 모두가 들을 만큼 큰 목소리였지요.

"그래? 그게 정말이야?"

대현이도 다른 아이들이 들을 만큼 큰 소리로 대꾸했어요.

"그거 혹시 나 들으라고 하는 이야기야?"

대수가 자리에서 벌떡 일어났어요.

"왜? 혹시 찔리는 거 있어?"

"혹시 너 어디 아파? 진짜로 병에 걸렸어?"

일진이와 대현이는 서로 주고받으면서 약을 올렸어요. 대수는 주먹을 불끈 쥐었다가 자리에 앉았지요.

"대현아, 친구를 놀리는 애 옆에서 편드는 거 부끄럽지 않니?"

옆에 있던 문정이가 대현이에게 쏘아붙였어요.

"왜? 뚱뚱하면 성인병에도 걸리기 쉽다잖아."

"성인병? 어린애들이 걸려도 성인병이야? 소아병 아닌가?"

일진이와 대현이가 문정이의 말을 무시하고 자기들끼리 말을 주고받으며 낄낄거리고 웃었어요.

그때, 대수가 자리에서 벌떡 일어섰어요. 그리고 주먹을 다시 쥐어 가슴 높이까지 올리더니 부르르 떨었지요.

"왜? 때리려고? 그러면 내가 학교폭력으로 선생님께 일러 버릴 거야."

일진이가 대수를 계속 약 올렸어요.

"폭력은 네가 먼저 썼거든?"

문정이가 이번에는 일진이에게 쏘아붙였어요.

"뭐? 내가 폭력을 썼다고? 내가 언제 때렸는데?"

"꼭 주먹으로 때려야 폭력인 줄 알아? 그렇게 말로 상대방 마음을 때리는 것도 폭력이라고."

"말로 때린다고? 정말 말도 안 되는 소리 하고 있네. 말로 하는 게 무슨 폭력이냐?"

"일진이 너, 달리기는 1등인데 공부는 꼴찌지?"

문정이가 일진이에게 비꼬듯 말하자 일진이 얼굴이 발갛게 달아올랐어요.

"어때? 듣기 좋아?"

"당연히 기분 나쁘지."

"그래. 그렇게 기분 나쁘게 하는 게 폭력이야."

"치!"

문정이의 말에 일진이는 입을 비쭉 내밀었어요.

"그리고 누가 너보고 아빠 없는 애라고 하면 좋겠니?"

문정이의 그 한마디에 일진이의 얼굴이 갑자기 붉으락푸르락 변했어요. 그러더니 갑자기 일진이가 눈물을 글썽이더니 눈물을 흘렸지요.

"뭐야? 너 우는 거야? 남자가 쪼잔하게 그런 걸로 우냐?"

"뭐라고? 이 씨……."

일진이가 우는 것을 멈추더니 갑자기 문정이를 향해 욕을 하기 시작했어요. 아이들이 황당하다는 듯 일진이의 얼굴을 쳐다보았지요.

"일진아, 그만해라. 너 입에 뭐 묻었다!"

우정이가 말했어요.

"뭐? 내 입에 뭐가 묻었다고?"

일진이가 욕을 하다 말고 입을 쓰윽 닦았어요.

"아직 안 닦였는데?"

우정이의 말에 일진이가 교실 뒤에 있는 거울 앞으로 가서 자기 얼굴을 쳐다봤어요.

"아무것도 없잖아?"

"네 눈에는 안 보이는구나? 욕하는 네 입에 더러움이 잔뜩 묻었는데……."

우정이의 말에 아이들이 깔깔깔 웃었어요. 일진이의 얼굴은 더 빨갛게 달아올랐지요.

안전한 어린이

친구들에게 듣기 싫은 말을 들어 본 적이 있나요? 그때 기분이 어땠나요? 맞아요. 그래서 듣기 싫은 말이나 기분 나쁜 말도 폭력이 될 수 있어요. 그것을 '언어폭력'이라고 하지요. 그렇다면 '언어폭력'에는 어떤 것들이 있을까요? '언어폭력'을 하지 않기 위해서는 어떻게 해야 할까요?

◀ 키가 작다거나, 뚱뚱하다거나, 말랐다는 등 다른 사람의 신체적 특징을 가지고 놀리거나 비난하는 것은 언어폭력이에요.

▶ 친구들의 이름을 가지고 놀리거나 약점이나 흉을 가지고 놀리며 기분 나쁜 말을 하면 안 돼요. 친구들의 마음을 아프게 하니까요.

◀ 편부모, 조손 가정의 친구에게 엄마 없는 아이, 아빠 없는 아이 또는 부모도 없는 아이라고 놀리거나 없다고 무시하며 공격하는 것도 폭력이에요.

▶ 다문화 가정의 아이에게 "야, 다문화!"라고 놀리는 것도 언어폭력이에요.

▶ 친구에게 욕을 하는 것은 정말 나쁜 행동이지요.

◀ 친구에 대한 나쁜 이야기를 다른 친구들에게 전달하는 것도 언어폭력이에요.

▶ 남들 앞에서 친구를 놀려 창피를 주는 행동도 나쁘지만, 놀리는 친구의 편을 드는 것도 나빠요.

◀ 체육 시간에 게임 활동에 미숙한 친구에게 "너 때문에 우리 팀이 졌어."라고 비난하거나 공부를 못한다고 놀리는 것도 나쁜 행동이에요.

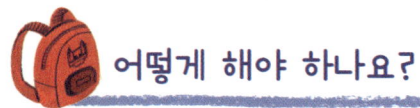
어떻게 해야 하나요?

◀ 적극적이고 활발한 친구에게 잘난 체한다고 비난하지 마세요.

▶ "바보!", "짜증 나." 등의 기분 나쁜 말 대신 "잘했어.", "고마워." 등의 좋은 말을 쓰세요.

◀ 상대방의 외모 평가, 또는 비하하는 말을 장난으로 하기 전에 친구에게 물어보세요. 친하다고 생각해서 장난친 건데 혹시라도 마음이 상하냐고 말이에요. 또는 우리 둘만 있을 땐 괜찮지만 다른 친구들이 있는 데서 말하는 것은 싫어하는 건 아닌지 말이에요.

6. 보이지 않는다고 막말하면 안 돼!
사이버 폭력

저녁 시간, 우정이 휴대폰이 울렸어요. 누군가 우정이를 채팅방으로 초대했지요. 일진이였어요.

낮에 일진이가 휴대폰이 있는 아이들에게 전화번호를 물어보았는데 그룹 채팅방을 만들어 우정이를 초대한 것이었어요.

'초대했는데도 안 들어가면 일진이 성격에 가만 안 있고 뭐라고 떠들고 다니겠지?'

우정이는 하는 수 없이 채팅방에 들어갔어요. 몇몇 아이들이 먼저 들어와 있었지요.

일진짱방

 일진 **오늘 운동장 수업 왕짜증!**

일진이의 글이 있었어요. 그리고 그 아래로 다른 아이들의 댓글과 일진이의 글이 달려 있었지요.

 대현 **왜?**

 일진 **고무줄놀이는 여자애들이나 하는 거 아님?**

 준호 **민속놀이라면서 했던 거잖아.**

 대현 **맞아. 고무줄놀이만 한 것도 아니고. 난 괜찮던데?**

 일진 **여자애들도 싫어했음.**

 우정 **그랬나?**

 일진 **여자애들한테 물어보면 될 거 아냐? 초대해 봐!**

일진이의 말에 우정이가 문정이를 초대했어요.

 문정 **방가^^**

문정이가 웃는 이모티콘을 넣으며 들어왔어요.

 일진 **누구심? 문댕이?**

제일 먼저 일진이가 댓글을 달았어요. '문댕이'라는 갑작스런 말에 우정이도 깜짝 놀라 얼굴이 빨개졌지요.

일진짱방

 문정 일진이도 있었니? 우정아, 미안. 난 나갈래.

문정이가 채팅방에서 사라졌어요.

 일진 야, 문댕이 정말 왕재수! 그치?

문정이가 나가자마자 일진이가 글을 남겼어요.

 대현 맞아. 이렇게 들어왔다가 바로 나가 버리는 건 무슨 매너냐?

 일진 정신도 왔다 갔다 하나 보지 뭐. 완전 왕재수!

 대현 재수? 재수 말하니까 대수 생각 나는데? 크크.

대현이와 일진이가 댓글을 주거니 받거니 하며 채팅방에 참여하지 않은 아이들의 흉을 보기 시작했어요.

다른 아이들은 아무도 댓글을 달지 않았지요.

'여기에 대꾸하면 나도 같은 아이가 되는 거잖아?'

우정이는 덜컥 겁이 나서 한숨을 길게 내쉬었어요.

 우정 엄마가 이제 그만하래. 내일 학교에서 보자.

우정이는 엄마 핑계를 대고 채팅방을 빠져나왔지요.

전송

며칠 뒤, 아침부터 교실이 웅성거렸어요.

"대수 엄마 있잖아, 대수 아빠한테 맞아서 집을 나갔다며?"

"뭐라고? 그게 정말이야?"

"누가 그래?"

"채팅방에서 일진이가."

"그래? 믿을 수 있는 건가?"

"그나저나 대수는 괜찮은 거겠지? 혹시 대수도 맞은 거 아냐?"

"대수 불쌍해서 어떡하냐?"

그때, 대수가 교실 문을 열고 들어왔어요. 아이들은 대수를 보고는 갑자기 말을 끊었지요. 그리고 자기 자리로 뿔뿔이 흩어졌어요. 하지만 다들 대수만 쳐다보고 있었지요.

대수는 교실 공기가 이상했는지 고개를 갸웃거렸어요. 그리고 우정이에게 다가갔지요.

"우정아, 오늘 무슨 일 있어? 뭔가 이상한데……. 너 뭐 아는 거 없어?"

우정이는 대수가 묻자 잠시 망설였어요.

"대수야, 너희 엄마 집에 계시지?"

우정이가 넌지시 물었지요.

"그럼, 당연히 계시지. 그런데 왜?"

"그게……."

우정이는 아이들 사이에서 떠도는 소문에 대해 이야기했어요. 우정이의 이야기를 들은 대수는 곧장 일진이에게로 갔어요.

"야, 너 그런 거짓말을 왜 하는 건데?"

"왜? 나는 그냥 그럴지도 모른다고 했지, 진짜라고 한 적은 없어."

일진이는 자기는 잘못 없다는 듯 말했어요.

"뭐라고? 에휴……."

대수는 미꾸라지처럼 빠져나가는 일진이를 상대하기 싫다는 듯 그냥 넘어가 버렸어요.

다음 날, 교실에는 성은이에 대한 이야기가 떠돌았어요.

"일진이가 그러는데 성은이가 대수를 좋아한다며?"

"얼마 전에는 급식 시간에 대수가 숟가락을 떨어뜨렸는데 성은이가 새로 갖다 줬대."

"정말?"

"어쩐지 짝꿍이 된 후로 둘이 다투는 걸 본 적이 없네."

아이들은 대수와 성은이에 대해 이야기를 나누었어요. 결국 성은이 귀에도 그 이야기가 들어갔지요.

"야, 도일진! 넌 그런 말도 안 되는 이상한 소문 내면 좋아?"

"왜? 숟가락 준 건 사실이잖아?"

"그건 내가 실수로 대수 팔을 쳐서 대수가 숟가락을 떨어뜨렸던 거야. 내가 잘못했으니까 새로 가져다주는 게 당연한 거 아냐?"

성은이가 금방이라도 울 듯한 표정으로 소리쳤어요. 하지만 일진이는 자기 잘못이 아니라는 듯 무덤덤한 표정으로 성은이를 바라볼 뿐이었지요.

다음 날, 이번에는 수정이에 대한 이야기로 시끄러웠어요.

"일진이가 그러는데 수정이가 국어 단원 평가 볼 때 커닝을 했대."

"진짜? 그게 정말이야?"

아이들은 수정이 뒤에서 수군거렸어요. 결국 수정이도 그 사실을 알게 되었지요.

"도일진! 내가 언제 커닝했다고 그래?"

"아니야? 맨날 70점 맞던 애가 갑자기 95점을 맞으니까 이상하잖아. 커닝을 안 했으면 어떻게 그렇게 잘 보냐?"

"아냐, 나 커닝 같은 거 진짜 안 했단 말야."

수정이는 억울하다는 듯 눈물을 흘리며 책상에 엎드렸어요. 그때 대현이가 일진이에게 다가가 넌지시 말했지요.

"일진아, 이번 시험 쉬웠잖아. 나도 60점에서 90점 맞았고 너도 60점에서 80점 맞았잖아."

"그랬던가?"

대현이의 말에 일진이는 고개를 갸웃거리며 말을 이었어요.

"커닝 안 했으면 말고."

일진이는 자기가 잘못했다는 말은 하지 않고 밉살스럽게 둘러댔어요. 주위에 있던 아이들 모두 어이없다는 표정을 지었지요.

다음 날, 쉬는 시간에 일진이가 아이들을 불러 모았어요.

"얘들아, 선생님이 우정이랑 같이 놀지 말라고 하셨어. 우정이가 수업 시간에 너무 질문을 많이 해서 귀찮다고 말이야."

"정말? 선생님이 그렇게 말씀하셨다고? 설마……."

아이들은 고개를 갸웃거렸어요.

"그렇다니까. 나한테 그렇게 문자를 보내셨어."

"그래? 그럼 그 문자 보여 줘 봐."

"그건……. 벌써 지웠지."

일진이 목소리가 조금 움츠러들었어요.

"그래? 내가 그런 문자를 보냈다고?"

갑자기 아이들 뒤에서 선생님 목소리가 들렸어요. 아이들은 깜짝 놀라 눈이 휘둥그레진 채 선생님을 쳐다봤지요.

"일진아, 내가 정말 그런 문자를 보냈니?"

선생님이 일진이를 보며 묻자 일진이는 굳은 입술로 고개를 저었어요.

"그렇게 선생님이 되고 싶었니? 하지만 그런 거짓말은……."

선생님은 일진이를 불러 이야기를 나누었어요. 일진이는 선생님 앞에서는 고개를 푹 숙이며 반성하는 듯했지요. 하지만 채팅방에서 일진이의 거짓말 만들기는 계속되었어요.

며칠 뒤, 아이들이 일진이 주위에 몰려들었어요.

"야, 너 채팅방에서 나보고 돼지 같은 놈이라고 했다며?"

"너 우리 엄마가 장애인이라고 했지? 우리 엄마가 어제 네 글 캡처해 놨거든?"

"우리 아빠가 그러는데 거짓말을 만드는 건 상대방을 모욕하는 범죄래."

"난 네가 지난번에 놀이터에서 때린 것도 일렀고 돈을 빌려 가서 안 갚은 것도 말씀드렸어."

"우리 부모님은 학교에 정식으로 항의하겠다고 하셨어."

"우리 부모님도 그러셨는데?"

아이들이 일진이에게 쏘아붙이듯 말했어요.

"그래. 그러든지 말든지, 뭐."

정작 일진이는 아무렇지도 않은 것 같았지요.

안전한 어린이

친구들과 채팅을 하면서 듣기 싫은 이야기나 헛소문을 들어 본 적이 있나요? 밴드, 카카오톡, 라인 등의 SNS에서 채팅을 하거나 인터넷 공간에서 소통할 때 다른 사람에게 피해를 주는 행위를 '사이버 폭력'이라고 해요. 그렇다면 '사이버 폭력'에는 어떤 것들이 있을까요? 또 '사이버 폭력'을 당했다면 어떻게 해야 할까요?

◀ 자기와 생각이 맞지 않거나 싫어하는 사람이 있다고 해서 인터넷 게시판이나 문자로 욕을 하면 안 돼요. 그리고 그 욕에 비슷한 댓글을 다는 것도 똑같이 사이버 폭력이에요.

▶ 인터넷 게시판에 친구의 단점이나 친구를 곤경에 빠뜨릴 만한 내용을 올리면 안 돼요.

◀ 같은 내용의 욕설이나 의미 없는 글들을 연속해서 올려 다른 친구들이 말할 틈을 주지 않고 단체 채팅방을 혼자 차지하는 것도 사이버 폭력이에요.

▶ 인터넷이나 채팅으로 사실이 아닌 거짓 소문을 퍼뜨려서 다른 친구의 마음에 상처를 주는 것도 사이버 폭력이에요.

어떻게 해야 하나요?

◀ 사이버 폭력을 당했다면 반드시 "하지 마!", "싫어."라고 자신의 의사를 분명하게 표현하세요.

▶ 부모님이나 선생님에게 반드시 알리세요.

◀ 사이버 폭력의 경우 컴퓨터나 휴대폰 화면을 반드시 저장하세요.

▶ 단체 문자나 채팅에서 누군가를 욕하거나 험담하는 내용이 있을 때는 모른 체하지 말고 그만하자는 문자나 댓글을 써야 해요. 그러지 않으면 함께 욕하거나 험담하는 것이 되니까요.

◀ 올바른 채팅 언어, 올바른 이모티콘을 써야 해요.

7. 또래상담
학교폭력의 처벌과 해결책

며칠 뒤, 아이들이 하교한 뒤 많은 학부모들이 학교에 찾아왔어요. 일진이 때문이었지요.

"우리 딸이 일진이 때문에 학교 가기 싫다고 하는데 어떻게 해야 해요?"

"우리 아들은 학교에 가려고만 하면 갑자기 배가 아프다고 했어요. 병원에서는 아무 이상이 없다고 해서 자세히 물어보니 일진이가 괴롭힌다고 하더군요."

"우리 아이는 일진이가 돈을 빌려 가서는 안 갚는다고……."

"몸에 상처가 나서 물었더니 처음에는 넘어져서 그렇다고 하더

니만 나중에 알고 보니 일진이가 할퀴었다고 하더라고요."

"요즘 채팅방에서 친구들을 욕하고 놀리고, 나쁜 거짓말을 만들어 퍼뜨리고……. 오죽하면 제가 그 화면을 캡처해 놨겠어요?"

"이대로는 안 되겠어요. 아무리 어리다고는 하지만 벌을 줘야 하는 거 아닌가요?"

"맞아요. 학폭위 열어 주세요."

학부모들은 저마다 한마디씩 했어요.

"학폭위요?"

선생님이 깜짝 놀라며 말을 이었어요.

"그것만은 좀 피하면서 일진이를 올바른 방향으로 선도할 수 있도록 도와주시면 안 되겠습니까?"

선생님은 어떻게든 학부모들을 진정시켜 보려고 했어요.

"아니, 선생님은 그 아이 하나 때문에 많은 아이들이 계속 피해를 당해도 괜찮다는 말씀이세요?"

"다른 친구들에게 피해를 줬으면 그 아이도 그만큼 벌을 받아야 하는 거 아닌가요?"

> **TIP**
> '학교폭력대책자치위원회'를 줄여서 '학폭위'라고 해요. 학교 선생님, 학부모, 경찰, 상담 전문가 등으로 구성된 '학교폭력대책자치위원회'에서는 학교폭력으로 발생한 문제에 대한 해결 방법을 제시하고 교육하기도 하지만 징계를 하기도 하지요.

"맞아요. 선생님은 도대체 누구 편이세요?"

학부모들은 선생님의 요청을 받아들이지 않고 계속 학폭위를 열어 달라고 했지요.

"알겠습니다. 하지만 서로가 조금만 더 생각할 수 있는 시간을 가졌으면 합니다. 그것만 좀 부탁드리겠습니다."

선생님은 간곡하게 학부모들에게 요청했어요.

그 소문은 금세 학교에 퍼졌어요.

우정이는 경한이 형과 함께 집으로 가는 길에 일진이 이야기를 꺼냈어요.

"형, 학폭위를 연다는데 그게 뭐야?"

"학폭위는 학교폭력 문제를 해결하고 잘못한 사람에게 벌을 주는 곳인데……."

"벌을 준다고?"

"응. 잘못한 학생이 있다면 그 학생에게 사과하도록 시키거나, 봉사를 시키거나, 반을 바꾸거나, 전학을 보낼 수 있는 거야."

"전학까지?"

"그런데 더 중요한 건 학폭위에서 어떤 식으로든 벌을 주게 되면 그 기록이 학교생활기록부에 남는다는 거지."

"그런 거 말고 다른 방법은 없어?"

우정이의 말에 경한이 형이 곰곰이 생각해 보았어요.

"또래상담으로 해결할 수 있으면 좋은데······."

"또래상담? 그건 또 뭔데?"

"그건 6학년 중에서 또래상담 교육을 받은 또래상담자가 아이들과 대화를 통해 문제를 해결해 보는 거야."

"형은 또래상담 교육 받았어?"

"응. 이번 6학년 전교 어린이 회장단은 5학년 때 다 받았어."

"또래상담으로 해결되면 학교생활기록부에 기록이 안 남아? 학폭위도 안 열어도 돼?"

"그렇지. 물론 그보다 먼저 학폭위를 열어 달라는 학부모들을 설득하는 게 어렵긴 하지만······."

"그렇게만 할 수 있다면 우리 엄마야 내가 설득하면 되고, 다른 애들도 다 설득해 보라고 할 수 있는데······. 형도 도와줄 거지?"

> **TIP**
>
> '학교생활기록부'는 담임 선생님이 학생의 학적을 기록한 장부예요. 학교 성적뿐만 아니라 학교에서의 특별활동, 행동 특성, 신체적 발달 사항 등이 기록되어 있지요. 초등학교, 중학교, 고등학교 학생 모두 기록되는데 50년간 보관돼요.
>
> '또래상담'이란 비슷한 경험과 생각을 가진 어린이들이 일정한 교육을 받은 후에 다른 또래들에게 일어난 문제를 해결하는 데 도움을 주는 것을 말해요. 또래상담자가 되려면 또래상담반이나 지역 상담복지센터에서 친구 사귀기에 대한 기본적인 태도, 친구와 친해지는 방법(이해와 공감, 생각 전달 등), 친구에게 도움을 주는 방법 등을 교육받아야 하지요.

우정이의 말에 경한이 형이 고개를 끄덕이며 기특하다는 듯 우정이의 머리를 쓰다듬어 주었어요.

다음 날, 6학년 전교 어린이 회장단이 모였어요. 그리고 학폭위를 열어 달라고 했던 부모님들께 직접 손 편지를 썼지요. 또래상담을 통해 일진이와 다른 아이들과 이야기를 나누어 보고 일진이를 변화시켜 보겠다는 내용이었어요. 결국 부모님들도 마음을 누그러뜨리고 또래상담을 지켜보기로 했지요.

며칠 뒤, 수업이 끝나고 일진이와 몇 명의 아이들이 교실에 남았어요. 그리고 전교 어린이 회장단 형들과 누나들이 교실로 들어왔지요.

선생님이 교실을 나가자 경한이 형이 작은 가방에서 과자와 음료수를 꺼내 아이들 책상에 놓았어요. 먹을 것이 보이자 대현이는 군침부터 흘렸지요. 하지만 일진이는 평소와 다르게 형들과 누나들의 눈치를 살피고 있었어요.

"일진아, 넌 어떤 음식이 가장 좋아?"

경한이 형이 뜬금없는 질문을 했어요. 일진이는 당황한 듯했지요.

"짜……장면……."

일진이는 평소와 달리 작은 목소리로 대답했어요.

"그래? 나도 짜장면 좋아하는데. 짜장면 먹을 때는 나무젓가락으로 먹어야 제맛이지 않니?"

"맞아, 나도 그런데!"

"짜장면을 비벼 나무젓가락을 턱 꽂으면 짜장면은 산이고 나무젓가락은 나무가 되고……. 맛있겠다."

경한이 형의 말에 우정이와 전교 부회장 형이 맞장구를 쳤어요. 그러자 일진이의 입가에 작은 미소가 걸렸지요.

"보통 짜장면도 맛있지만 간짜장이 더 맛있어!"

"아냐, 쟁반짜장이 더 맛있어!"

회장단과 아이들은 과자를 먹으며 한참 동안 먹는 이야기만 했어요.

"근데 학교에서 잘못하면 정말로 전학 가야 해요……?"

뜬금없이 대현이가 머뭇거리며 말을 꺼냈어요. 순간 일진이 얼굴도 어두워졌지요. 그리고 눈가에 눈물방울이 맺히는가 싶더니 금세 눈물을 똑 떨어뜨렸어요.

"난 전학 가기 싫어. 정말 가기 싫단 말이야."

일진이가 눈물을 흘리며 떨리는 목소리로 말했어요. 모두들 당황했지요.

경한이 형이 일진이의 등을 토닥여 주었어요.

"걱정 마. 누가 전학 보낸다고 그래?"

경한이 형이 일진이의 머리를 쓰다듬으며 말을 이었어요.

"얘들아, 또래상담 준비하면서 일진이 어머님께 들은 이야긴데, 사실 일진이가 지난해 우리 학교로 전학 오기 전에 다녔던 학교에서 왕따를 당했었대."

그 말에 일진이는 아예 책상에 엎드린 채 엉엉 소리를 내며 울었어요.

"일진이가 왕따를 당했다고?"

경한이 형의 말에 아이들은 믿지 못하겠다는 듯 서로의 얼굴을 쳐다봤어요. 경한이 형의 말은 계속 이어졌지요.

"결국 일진이는 그걸 이겨 내지 못하고 이곳으로 전학 오게 된 거야. 그때 받은 상처가 커서 여기서는 절대 왕따를 당하지 않겠다고 마음먹었던 거고. 그런데 그 방법이 잘못됐던 것 같아. 그래서 지금 이렇게 문제가 커진 거지. 그렇지, 일진아?"

경한이 형이 묻자 일진이가 고개를 들더니 위아래로 끄덕였어요. 일진이는 쉼 없이 눈물을 쏟아 냈지요.

"사실 어제 일진이와 따로 만나 이야기를 좀 했는데 너희들에게 미안하다고 하더라. 그리고 너희들이 용서해 준다면 앞으로 사이좋게 지내고 싶다고 했어. 너희들 생각은 어때?"

경한이 형이 아이들을 휘둘러보았어요. 하지만 섣불리 대답하는 아이들은 없었지요.

"일진아!"

경한이 형이 일진이를 낮은 목소리로 불렀어요. 그러자 일진이가 주먹으로 눈물을 닦고 자리에서 일어섰지요.

"얘들아, 그동안 너희들을 괴롭혀서 미안해. 흑흑. 정말 미안해. 내가 잘못했어. 흑흑. 앞으로는 그런 일 없을 테니까 우리 사이좋게 지내자. 흑."

일진이는 울먹이면서도 또박또박 말했어요. 그리고 가방에서 무엇인가를 꺼냈지요. 두꺼운 도화지였어요.

일진이는 그 도화지를 우정이에게 건네주었어요. 우정이가 도화지에 적힌 일진이의 글을 읽었지요.

"서약서. 도일진은 앞으로 친구들과 사이좋게 지내며, 즐거운 교실을 만들기 위해 친구들이 싫어하는 행동을 하지 않을 것을 다짐합니다."

우정이가 다 읽자 일진이가 도화지를 다시 받아서 교실 앞 게시판에 압정으로 꽂았어요.

"너희들이 됐다고 할 때까지 서약서를 교실 앞에 걸어 놓을게. 정말이야. 그러니까 앞으로……."

일진이는 더 이상 말을 잇지 못했어요.

"일진아, 너에게 그런 일이 있었는지 몰랐어. 알았더라면 널 조금이라도 더 이해할 수 있었을 텐데……."

문정이가 어른스럽게 말했어요.

"맞아, 친구들끼리 서로에 대해 모르는 게 너무 많았던 것 같아. 앞으로 서로 노력해 보는 게 어때?"

경한이 형의 말에 우정이가 환하게 웃으며 고개를 끄덕였어요. 교실에 있던 다른 아이들도 고개를 끄덕였지요. 그리고 차례대로 나가 일진이의 등을 토닥여 주었어요.

우정이 차례가 되었어요. 우정이는 일진이를 꼭 안아 주었지요. 사실 경한이 형이 다른 아이들에게 말은 안 했지만 일진이 부모님이 서로 헤어져서 지금은 엄마하고 단둘이 살고 있다고 했거든요. 그래서 지난번에 아빠 이야기를 듣고 눈물을 보였던 거였어요. 그 사실을 알고 나니 일진이가 더욱 안쓰러웠어요.

아이들에게 둘러싸인 일진이는 계속 눈물을 흘렸어요. 하지만 일진이는 가슴이 무척 따뜻해지는 것을 느꼈지요.

친구를 신체적으로나 정신적으로 아프게 했다면 벌을 받을 수 있어요. 이러한 벌은 잘못한 것에 대한 벌이기도 하지만 잘못한 친구를 위한 치료이기도 해요. 그렇다면 친구들을 아프게 했을 때에는 어떻게 사과해야 할까요? 그리고 '학교폭력법'에는 친구들을 아프게 한 친구에게 어떤 벌을 줄 수 있다고 적혀 있을까요?

 사과하는 방법

▲ 진실한 마음을 담아 사과해야 해요. 자신의 잘못을 구체적으로 반성하고 다시는 그러지 않겠다고 다짐해야 하지요.

사과하는 상황을 피하지 말고 용기를 내어 "미안해.", "내가 잘못했어.", "우리 사이 좋게 지내자." 등의 표현을 넣어 말해야 해요.

> **학교폭력 아하!** '학교폭력예방 및 대책에 관한 법률'을 줄여서 '학교폭력법'이라고 해요. 이 법에는 학교폭력의 예방과 대책에 관한 내용과 '학폭위'에 대한 내용이 담겨 있어요. 뿐만 아니라 피해를 입은 학생과 피해를 준 학생 사이의 분쟁을 해결해 서로의 인권을 보호하고 옳은 방향으로 이끌고자 하는 내용이 들어 있지요.

# '학교폭력법'에 명시된 가해 학생에 대한 조치

◀ 학교나 학교 밖에서 봉사 활동을 해야 해요.

▶ 학교에 와도 된다는 결정이 내려지기 전까지 학교에 나오지 못하게 될 수도 있어요.

◀ 다른 반으로 옮겨 가거나 심할 경우 다른 학교로 전학을 가야 할 수도 있어요.

▶ 나쁜 마음에 대한 심리 치료 등 특별한 치료와 교육을 받아야 해요.

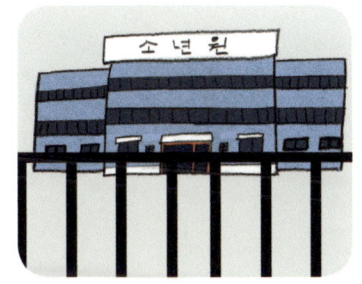
◀ 14세 미만은 벌금, 징역 등의 형사처분은 받지 않지만 부모님이 대신 손해배상을 해야 해요. 그리고 저지른 행동이 지나치게 나쁘다고 여겨지면 10살이라고 하더라도 소년원에서 일정 기간 지내는 벌을 받을 수도 있어요.